Mein allerschönster Traum

Moj najljepši san

Ein Bilderbuch in zwei Sprachen

Download-Link zum Hörbuch:

www.sefa-bilingual.com/mp3

Kostenloser Zugang mit dem Kennwort:

```
Deutsch: BDDE1314
Kroatisch: BDHR1727
```

Cornelia Haas · Ulrich Renz

Mein allerschönster Traum

Moj najljepši san

Zweisprachiges Kinderbuch,
mit Hörbuch zum Herunterladen

Übersetzung:
Karmen Fedeli (Kroatisch)

Lulu kann nicht einschlafen. Alle anderen träumen schon – der Haifisch, der Elefant, die kleine Maus, der Drache, das Känguru, der Ritter, der Affe, der Pilot. Und der Babylöwe. Auch dem Bären fallen schon fast die Augen zu ...

Du Bär, nimmst du mich mit in deinen Traum?

Lulu ne može da zaspi. Svi ostali već sanjaju—morski pas, slon, mali miš, zmaj, klokan, vitez, majmun, pilot. I lavić. Čak i medvjedu se gotovo zatvaraju oči...

Čuj Medo, jel me uzmeš sa sobom u tvoj san?

Und schon ist Lulu im Bären-Traumland. Der Bär fängt Fische im Tagayumi See. Und Lulu wundert sich, wer wohl da oben in den Bäumen wohnt? Als der Traum zu Ende ist, will Lulu noch mehr erleben. Komm mit, wir besuchen den Haifisch! Was der wohl träumt?

I već se Lulu nađe u medvjeđoj zemlji snova. Medvjed hvata ribe u Tagayumi jezeru. A Lulu se pita, tko li to tamo gore u stablu stanuje? Kada je san završen, Lulu želi doživjeti još više. Dođi, posjetimo morskog psa! O čemu li on sanja?

Der Haifisch spielt Fangen mit den Fischen. Endlich hat er Freunde! Keiner hat Angst vor seinen spitzen Zähnen.

Als der Traum zu Ende ist, will Lulu noch mehr erleben. Kommt mit, wir besuchen den Elefanten! Was der wohl träumt?

Morski pas se igra lovice sa ribama. Konačno ima prijatelje! Nitko se ne boji njegovih oštrih zuba.

Kada je san završen, Lulu želi doživjeti još više. Dođite, posjetimo slona! O čemu li on sanja?

Der Elefant ist so leicht wie eine Feder und kann fliegen! Gleich landet er auf der Himmelswiese.

Als der Traum zu Ende ist, will Lulu noch mehr erleben. Kommt mit, wir besuchen die kleine Maus! Was die wohl träumt?

Slon je lak kao jedno pero i može da leti! Uskoro će sletjeti na nebesku livadu.

Kada je san završen, Lulu želi doživjeti još više. Dođite, posjetimo malog miša! O čemu li on sanja?

Die kleine Maus schaut sich den Rummel an. Am besten gefällt ihr die Achterbahn.
Als der Traum zu Ende ist, will Lulu noch mehr erleben. Kommt mit, wir besuchen den Drachen! Was der wohl träumt?

Mali miš gleda zabavni park. Najviše mu se sviđa brdska željeznica.
Kada je san završen, Lulu želi doživjeti još više. Dođite, posjetimo zmaja! O čemu li on sanja?

Der Drache hat Durst vom Feuerspucken. Am liebsten will er den ganzen Limonadensee austrinken.

Als der Traum zu Ende ist, will Lulu noch mehr erleben. Kommt mit, wir besuchen das Känguru! Was das wohl träumt?

Zmaj je žedan od pljuvanja vatre. Najradije bi popio cijelo jezero limunade.
Kada je san završen, Lulu želi doživjeti još više. Dođite, posjetimo klokana.
O čemu li on sanja?

Das Känguru hüpft durch die Süßigkeitenfabrik und stopft sich den Beutel voll. Noch mehr von den blauen Bonbons! Und mehr Lollis! Und Schokolade!

Als der Traum zu Ende ist, will Lulu noch mehr erleben. Kommt mit, wir besuchen den Ritter! Was der wohl träumt?

Klokan skače kroz tvornicu slatkiša i puni si tobolac. Još više plavih bombona! I više lizalica! I čokolade!

Kada je san završen, Lulu želi doživjeti još više. Dođite, posjetimo viteza. O čemu li on sanja?

Der Ritter macht eine Tortenschlacht mit seiner Traumprinzessin. Oh! Die Sahnetorte geht daneben!

Als der Traum zu Ende ist, will Lulu noch mehr erleben. Kommt mit, wir besuchen den Affen! Was der wohl träumt?

Vitez vodi bitku tortama sa svojom princezom iz snova. Oh! Torta od kreme je promašila!
Kada je san završen, Lulu želi doživjeti još više. Dođite, posjetimo majmuna. O čemu li on sanja?

Endlich hat es einmal geschneit im Affenland! Die ganze Affenbande ist aus dem Häuschen und macht Affentheater.
Als der Traum zu Ende ist, will Lulu noch mehr erleben. Kommt mit, wir besuchen den Piloten! In welchem Traum der wohl gelandet ist?

Konačno da i jednom padne snijeg u zemlji majmuna! Cijelo majmunsko društvo se raduje i majmuniše naokolo.

Kada je san završen, Lulu želi doživjeti još više. Dođite, posjetimo pilota, u čijem li snu je on sletio?

Der Pilot fliegt und fliegt. Bis ans Ende der Welt und noch weiter bis zu den Sternen. Das hat noch kein anderer Pilot geschafft.

Als der Traum zu Ende ist, sind alle schon sehr müde und wollen nicht mehr so viel erleben. Aber den Babylöwen wollen sie noch besuchen. Was der wohl träumt?

Pilot leti i leti. Do kraja svijeta, pa čak i dalje do zvijezda. Niti jedan drugi pilot nije to uspio.
Kada je san završen, svi su već jako umorni i ne žele više tako puno doživjeti. Ali lavića žele još posjetiti. O čemu li on sanja?

Der Babylöwe hat Heimweh und will zurück ins warme, kuschelige Bett.
Und die anderen auch.

Und da beginnt …

Lavić ima čežnju za domom i želi se vratiti u topli i udoban krevet.
I ostali isto tako.

I tamo počinje ...

... Lulus
allerschönster Traum.

... Lulin
najljepši san.

Cornelia Haas wurde 1972 in Ichenhausen bei Augsburg geboren. Nach ihrer Ausbildung zur Schilder- und Lichtreklameherstellerin studierte sie an der Fachhochschule Münster Design, und machte dort ihren Abschluss als Diplom Designerin. Seit 2001 illustriert sie Kinder- und Jugendbücher, seit 2013 lehrt sie als Dozentin für Acryl- und Digitale Malerei an der Fachhochschule Münster.

Cornelia Haas rođena je 1972. u Ichenhausenu kod Augsburga (Njemačka). Studirala je dizajn na Sveučilištu primijenjenih znanosti Münster, gdje je diplomirala kao diplomski dizajner. Od 2001. ilustrira knjige za djecu i mlade, od 2013. predaje kao docentica akrilno i digitalno slikarstvo na Sveučilištu primijenjenih znanosti Münster.

www.cornelia-haas.de

Malst du gerne?

Hier findest du die Bilder der Geschichte zum Ausmalen:

www.sefa-bilingual.com/coloring

Viel Spaß!

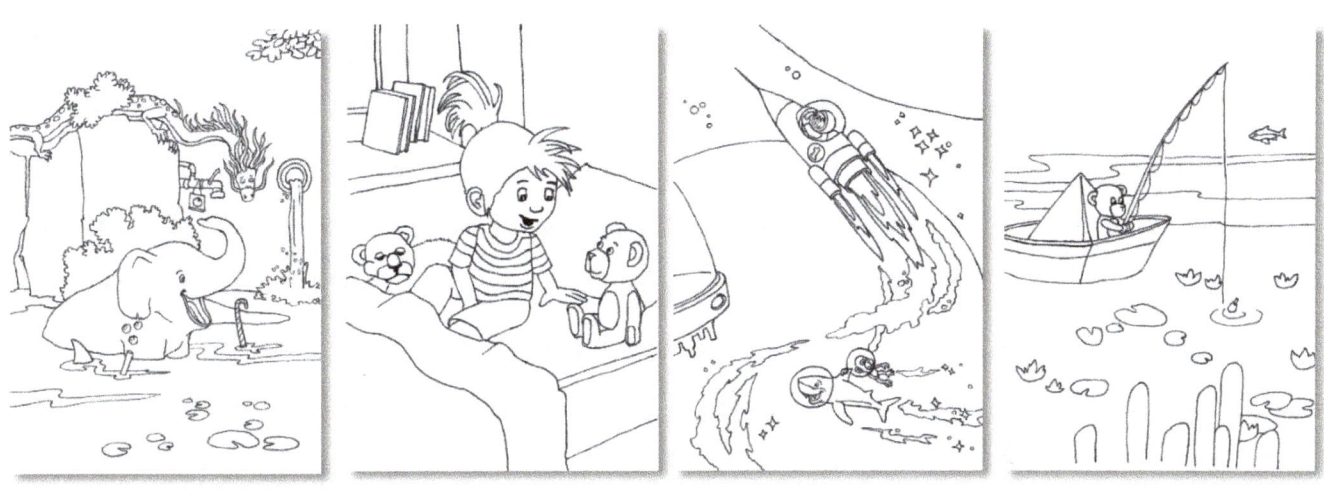

Lieber Leser,

wie schön, dass Sie mein Buch entdeckt haben! Wenn es Ihnen (und vor allem Ihrem Kind) gefallen hat, sagen Sie es gerne weiter, per Facebook-Like oder mit einer Email an Ihre Freunde:

www.sefa-bilingual.com/like

Auch über einen Kommentar oder eine Rezension würde ich mich sehr freuen. Likes und Kommentare sind die Streicheleinheiten für Autoren, herzlichen Dank!

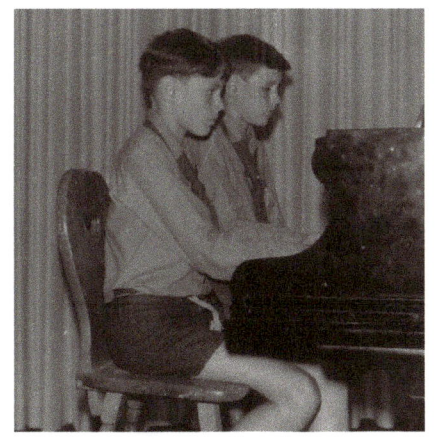

Bitte haben Sie noch etwas Geduld, falls es in Ihrer Sprache noch keine Hörbuch-Version gibt! Wir arbeiten daran, möglichst alle Sprachen als Hörbuch zur Verfügung zu stellen. Sie können sich über den Stand der Arbeit im „Sprachen-Zauberhut" auf unserer Webseite informieren:

www.sefa-bilingual.com/languages

Nun will ich mich aber noch kurz vorstellen: Ich wurde 1960 in Stuttgart geboren, zusammen mit meinem Zwillingsbruder Herbert (der auch Schriftsteller geworden ist). Ich habe in Paris Französische Literatur und ein paar Sprachen studiert, danach in Lübeck Medizin. Meine Karriere als Arzt war aber von kurzer Dauer, denn schon bald kamen die Bücher ins Spiel: zunächst medizinische Fachbücher, die ich als Herausgeber und Verleger betreute, später dann Sachbücher und Kinderbücher.

Ich lebe mit meiner Frau Kirsten in Lübeck ganz im Norden von Deutschland, zusammen haben wir drei (jetzt schon erwachsene) Kinder, einen Hund, zwei Katzen und einen kleinen Verlag: den Sefa Verlag.

Wer mehr von mir wissen will, kann mich auf meiner Webseite besuchen, und darüber auch gerne mit mir in Kontakt treten: **www.ulrichrenz.de**

Herzliche Grüße,

Ulrich Renz

Lulu empfiehlt außerdem:

Schlaf gut, kleiner Wolf

Lesealter: ab 2 Jahren

mit Hörbuch zum Herunterladen

Tim kann nicht einschlafen. Sein kleiner Wolf ist weg! Hat er ihn vielleicht draußen vergessen?
Ganz allein macht er sich auf in die Nacht – und bekommt unerwartet Gesellschaft...

In Ihren Sprachen verfügbar?

▶ Schauen Sie in unserem „Sprachen-Zauberhut" nach:

www.sefa-bilingual.com/languages

Die wilden Schwäne

Nach einem Märchen von Hans Christian Andersen

Lesealter: ab 4-5 Jahren

mit Hörbuch zum Herunterladen

„Die wilden Schwäne" von Hans Christian Andersen ist nicht umsonst eines der weltweit meistgelesenen Märchen. In zeitloser Form thematisiert es den Stoff, aus dem unsere menschlichen Dramen sind: Furcht, Tapferkeit, Liebe, Verrat, Trennung und Wiederfinden.

In Ihren Sprachen verfügbar?

▶ Schauen Sie in unserem „Sprachen-Zauberhut" nach:

www.sefa-bilingual.com/languages

Mehr von mir ...

Motte & Co!

▶ 4-bändige Kinderkrimi-Serie

▶ Lesealter: ab 9 Jahren

▶ mit Ausgabe in Einfacher Sprache und Unterrichtsmaterialien für den differenzierten Unterricht

▶ Englische Ausgabe: „Bo & Friends" ▶ www.bo-and-friends.com

▶ Den ersten Band der Serie, „Auf der Spur der Erpresser", gibt es kostenlos als Ebook und als Hörbuch. Ungekürzt! Und zwar hier:

www.motte-und-co.de/free

© 2020 by Sefa Verlag Kirsten Bödeker, Lübeck, Germany
www.sefa-verlag.de

IT: Paul Bödeker, München, Germany

All rights reserved. No part of this book may be reproduced without the written consent of the publisher.

ISBN: 9783739964058

Version: 20190101

www.sefa-bilingual.com

www.ingramcontent.com/pod-product-compliance
Lightning Source LLC
LaVergne TN
LVHW070219080526
838202LV00067B/6851